公路工程试验检测技术操作手册

Liqing ji Liqing Hunheliao Shiyan

沥青及沥青混合料试验

江 西 省 交 通 工 程 质 量 监 督 站

主编

江苏省交通科学研究院股份有限公司

人民交通出版社

图书在版编目(CIP)数据

公路工程试验检测技术操作手册. 沥青及沥青混合料试验 / 江西省交通工程质量监督站，江苏省交通科学研究院股份有限公司主编. — 北京：人民交通出版社，2013.10

ISBN 978-7-114-10867-9

Ⅰ. ①公… Ⅱ. ①江… ②江… Ⅲ. ①道路工程－沥青路面－路面试验－检测－技术手册 Ⅳ. ①U416.03－62

中国版本图书馆 CIP 数据核字(2013)第 212308 号

公路工程试验检测技术操作手册

书　　名： 沥青及沥青混合料试验

著 作 者： 江西省交通工程质量监督站

江苏省交通科学研究院股份有限公司

责任编辑： 韩亚楠　崔　建

出版发行： 人民交通出版社

地　　址： (100011)北京市朝阳区安定门外外馆斜街 3 号

网　　址： http://www.ccpress.com.cn

销售电话： (010)59757973

总 经 销： 人民交通出版社发行部

经　　销： 各地新华书店

印　　刷： 北京市密东印刷有限公司

开　　本： 880×1230　1/32

印　　张： 2.5

字　　数： 50 千

版　　次： 2013 年 10 月　第 1 版

印　　次： 2013 年 10 月　第 1 次印刷

书　　号： ISBN 978-7-114-10867-9

定　　价： 245.00 元(含光盘)

编审委员会

编写委员会

序

随着我国公路建设事业的飞速发展,试验检测工作对公路工程质量安全的基础保障作用日益突显,各级交通运输主管部门、质监机构和参建单位对试验检测数据重要性的认识普遍提高。

真实、准确、客观、公正的试验检测数据是控制和评定工程质量、保障工程施工安全和运营安全的重要依据和基本前提,是推进技术进步和加强质量管理的先导,是严把工程质量的重要关口。

真实、准确、客观、公正的试验检测数据来源于正确的操作。对于试验检测规程、规范的学习应用,理解的偏差、操作方法的不同、错误的习惯做法都会对试验检测的准确性和有效性造成很大影响。受传统授课方式的限制,实际操作往往难以按照标准、规程所规定的方法和步骤完整、规范、熟练地进行。因此,亟需一部直观、生动、实用的试验检测操作教材。

为此,在总结提炼公路工程试验检测操作成功经验的基础上,江西省交通工程质量监督站、江苏省交通科学研究院股份有限公司历经两年,精心摄制了《公路工程试验检测技术操作手册》教学片。教学片遵循科学与实用的原则，以国家和部颁技术规范、规程、标准为依据，包含了公路工程原材料、水泥混凝土、无机结合料、沥青混合料、现场检测五大类70余个参数试验检测项目，演示了试验检测操作的全部过程。有助于不同层次的试验检测人员掌握试验操作步骤、要点，对规范试验检测操作具有较强的实用性和指导性。

近年来为提高试验检测人员水平，各级质监机构和检测机构采取了不少措施，结合工程建设特点组织了技能竞赛、技术比武、实验室比对等活动。应该说，试验检测人员水平总体是不断提高的。但是，客观地讲，试验检测人员水平与我国公路建设不断加快发展的需要还不相适应。《公路工程试验检测技术操作手册》及教学片的出版发行为当前在全国范围内开展试验检测人员继续教育提供了良好教材。希望，所有试验检测人员要增强对试验检测事业的责任心和使命感，认真学习操作，掌握技巧，破解难点，以良好的职业道德和过硬的业务素质，推动试验检测行业持续健康发展。

交通运输部工程质量监督局副局长

2013 年 8 月

前　　言

为了认真贯彻落实交通运输部《高速公路施工标准化活动实施方案》，推广高速公路建设典型示范经验，推进江西省高速公路建设管理标准化活动，进一步提升试验检测工作水平，促进试验检测操作标准化，江西省交通运输厅、江西省交通工程质量监督站、江苏省交通科学研究院股份有限公司联合编写了《公路工程试验检测技术操作手册》，并专门录制了学习光盘，分为六个分册。

本学习光盘摄制规模之大，在国内尚属首次。课题组选取了公路工程主要试验检测项目进行学习视频的摄制，手册主要包括原材料、水泥混凝土、无机结合料、沥青混合料、现场检测五大类共70个参数的试验检测项目。学习光盘的摄制工作分了七个工作小组，参加人员超过50人，并聘请了多名资深试验检测专家担任摄制工作的顾问，完成了2个样片的摄制和制作工作，组织专家召开了2次摄制台本和试验视频的评审会，为保证教学片摄制质量奠定了良好基础。

手册与学习光盘配套使用，具有“图文并茂，专业性强，通俗易懂”的优质效果。以路基、路面、桥涵等工程中的原材料试验、混合料配合比设计试验，施工抽检试验，交工验收检测等为主线,以现行试验规程和设计、施工技术规范及其他相关技术标准、资料为主要内容,涵盖了公路工程试验检测的各个方面。手册所引用的试验方法、技术标准都出自最新版本,所有试验方法均有注意事项栏。本手册可为试验检测行业不同层次水平的从业人员实现有效的可视化学习,不受时间、空间的限制,提高效率,可有效指导施工、提升工程质量,也可有效宣传江西省试验检测管理标准化活动的实践成果,为实现江西省交通运输厅提出的让“标准成为习惯、习惯符合标准、结果达到标准”的目标发挥重要作用。

本手册和学习光盘可供建设单位、监理单位和施工单位试验检测人员、管理人员使用,对于未涵盖的内容,应依据有关法律、法规和相关标准、规程执行。本手册在编写过程中得到了各级领导和专家的指导,在此一并表示感谢。由于编制时间仓促,疏漏之处在所难免,各有关单位和从业人员在使用本教材时,如发现问题或欲提出改进意见,请函告江西省交通工程质量监督站。

地　　址:南昌市沿江北路18号,邮编:330008。

编　者

2013年8月

目　　录

1 总则

1.0.1 为适应交通运输发展和公路建设的需要，提高试验检测工作质量和从业人员技术水平，保证工程安全可靠、经济合理，制定本手册。

1.0.2 本手册和学习光盘适用于公路工程沥青、沥青混合料试验各参数的性能试验。其中，为方便读者阅读，图、表、公式序号排法与规范序号保持一致。

1.0.3 本手册和学习光盘发布时，所引用规程、规范及其他相关技术标准和资料均为有效。当所引用版本更新时，本手册和学习光盘将同步更新发行。

2 沥青试验

2.1 沥青针入度试验(参照 T0604—2011 执行)

2.1.1 目的与适用范围

本方法适用于测定道路石油沥青、聚合物改性沥青针入度以及液体石油沥青蒸馏或乳化沥青蒸发后残留物的针入度。其标准实验条件为温度 25℃,荷重 100g,贯入时间 5s,以 0.1mm 计。用本方法评定聚合物改性沥青的改性效果时,仅适用于融混均匀的样品。

针入度指数 PI 用以描述沥青的温度敏感性,宜在 15℃、25℃、30℃这 3 个或 3 个以上温度条件下测定针入度后按规定的方法计算得到,若 30℃时的针入度值过大,可采用 5℃代替。当量软化点 T_{800} 是相当于沥青针入度为 800 时的温度,用以评价沥青的高温稳定性;当量脆点 $T_{1.2}$ 是相当于沥青针入度为 1.2 时的温度,用以评价沥青的低温抗裂性能。

2.1.2 主要检测设备

(1)针入度仪:精确度等级0.1mm。

(2)标准针:由硬化回火的不锈钢制成,针及针杆总质量2.5g±0.05g。

(3)盛样皿:金属制,圆柱形平底。小盛样皿的内径55mm,深35mm(适用于针入度小于200);大盛样皿内径70mm,深45mm(适用于针入度200~350);对针入度大于350的试样需使用特殊盛样皿,其深度不小于60mm,试样体积不小于125mL。

(4)恒温水槽:容量不小于10L,控温的准确度为0.1℃,水槽中应设有一带孔的搁架,位于水面下不得少于100mm,距水槽底不得少于50mm处。

(5)平底玻璃皿:容量不小于1L,深度不少于80mm。内设有一不锈钢三脚支架,能使盛样皿稳定。

(6)温度计:0~50℃,分度为0.1℃。

(7)盛样皿盖:平板玻璃,直径不小于盛样皿开口尺寸。

(8)溶剂:三氯乙烯等。

(9)标准筛(滤筛):筛孔孔径0.6mm。

2.1.3 试验准备

(1)设定恒温水槽温度为试验温度,检查控温精度是否满足要求。

(2)将装有试样的盛样容器带盖放入恒温烘箱中,当石油沥青试样中含有水分时,烘箱温度为80℃左右,加热至沥青全部熔化后供脱水用。当石油沥青中无水分时，烘箱温度宜为软化点温度以上90℃，通常为135℃。对取来的沥青试样不得直接采用电炉或煤气炉明火加热。

(3)当石油沥青试样中含有水分时，将盛样容器放在可控温的砂浴、油浴或电热套上脱水，不得已采用电炉、煤气炉加热脱水时必须加放石棉垫。时间不超过30min，并用玻璃棒轻轻搅拌，防止局部过热。在沥青温度不超过100℃的条件下，仔细脱水至无泡沫为止，最后的加热温度不超过软化点以上100℃(石油沥青)或50℃(煤沥青)。

(4)将盛样容器中沥青通过0.6mm的滤筛过滤，不等冷却立即一次灌入沥青针入度试验的模具中。根据需要也可将试样分装入擦拭干净并干燥的一个或数个沥青盛样器皿中，数量应满足一批试验项目所需的沥青样品并有富余。

(5)在沥青灌模过程中，如温度下降可放入烘箱中适当加热，试样冷却后反复加热的次数不得超过2次，以防沥青老化影响试验结果。注意在沥青灌模时不得反复搅动沥青，应避免混进气泡。

(6)灌模剩余的沥青应立即清理干净，不得重复使用。

2.1.4　试验步骤

(1)按试验要求将恒温水槽调节到要求的试验温度25℃或15℃、30℃等，保持稳定。

(2)将试样注入盛样皿中,试样高度应超过预计针入度值10mm以上,盖上盛样皿盖,以防落入灰尘,并贴上样品标识。盛有试样的盛样皿在15~30℃室温中冷却不少于1.5h(小盛样皿)、2h(大盛样皿)或3h(特殊盛样皿),后移入保持规定试验温度±0.1℃的恒温水槽中不少于1.5h(小盛样皿)、2h(大盛样皿)或2.5h(特殊盛样皿)。

(3)调整针入度仪使之水平。

(4)取出达到恒温的盛样皿,并移入水温控制在试验温度±0.1℃的平底玻璃皿的三脚架上,试样表面以上的水层深度不少于10mm。

(5)将针入度仪的读数调整为零同时将盛有试样的平底玻璃皿置于针入度仪的平台上。调节灯光位置至能清晰看到针尖与其倒影,慢慢放下针连杆使针尖恰好与试样表面接触(即针尖与其倒影相接触)。

(6)启动针入度仪开始按钮,使标准针自动下落贯入试样,读取刻度盘指针或位移指示器的读数,准确至0.1mm。

(7)同一试样平行试验至少3次,各测试点之间及与盛样皿边缘的距离不应少于10mm。每次试验应将盛有盛样皿的平底玻璃皿放入恒温水槽,使平底玻璃皿中水温保持试验温度。每次试验应更换一根干净标准针,或将标准针取下用蘸有三氯乙烯溶剂的棉花或布擦净,再用干棉花或布擦干。

(8)测定针入度大于200的沥青试样时,至少用3支标准针,每次试验后将针留在试样中,直至3次平行试验完成后,才能将标准针取出。

(9)试验完毕后,将仪器及配件清洁干净,切断电源。

2.1.5　试验结果计算

(1)计算3次试验的平均值

同一试样3次平行试验结果的最大值和最小值之差在允许偏差范围内时,计算3次试验结果的平均值,取整数作为针入度试验结果,以0.1mm为单位。允许偏差见表T0604-1。

沥青针入度试验允许偏差范围汇总表　　表T0604-1

针入度(0.1mm)	允许差值(0.1mm)
0~49	2
50~149	4
150~249	12
250~500	20

(2)当试验结果小于50(0.1mm)时,重复性试验允许误差为2(0.1mm),再现性试验允许误差为4(0.1mm)。

(3)当试验结果大于或等于50(0.1mm)时,重复性试验允许误差为平均值的4%,再现性试验允许误差为平均值的8%。

2.1.6　试验记录

沥青针入度试验记录示例见表T0604-2。

沥青针入度试验记录表　　表 T0604-2

施工路段				环境条件	温度 25℃;湿度 50%
试验规程及方法	T 0604—2011			试验设备及编号	沥青针入度仪 3110356
样品描述	完好、可检			试验日期	年 月 日
沥青针入度试验					
试验温度(℃)	25				
	一	二	三	平均值	
针入度值(0.1mm)	70.8	71.8	71.8	72	
备注:					

2.1.7 试验规程及评定依据

(1)《公路沥青及沥青混合料试验规程》(JTG E20—2011)。

(2)《公路沥青路面施工技术规范》(JTG F40—2004)。

2.1.8 注意事项

(1)标准针应与沥青试样表面刚好接触但不刺破沥青面为佳,如刺破则需要重新找点进行试验。

(2)在沥青灌模时应避免混入气泡。

(3)当改性沥青中无水分时,烘箱温度宜为软化点温度以上 90℃,通常为 170℃左右。

(4)利用三氯乙烯清洗试模时,必须开启通风柜进行通风并佩戴防毒面罩。

2.2　沥青延度试验(参照 T0605—2011 执行)

2.2.1　目的与适用范围

(1)测定道路石油沥青、聚合物改性沥青、液体沥青蒸馏残留物和乳化沥青蒸发残留物等材料的延度;

(2)试验温度与拉伸速度根据要求采用,通常试验温度为25℃、15℃、10℃、5℃,拉伸速度5cm/min ±0.25cm/min;当低温采用1cm/min ±0.05cm/min 拉伸速度时,应在报告中注明。

2.2.2　主要检测设备

(1)沥青延伸度测定仪:将试件浸没于水中,能保持规定的试验温度及按照规定拉伸速度拉伸试件,且试验时无明显振动的延度仪均可使用。

(2)试模:黄铜制,由两个端膜和两个侧模组成。试模内侧表面粗糙度 $Ra0.2\mu m$。

(3)试模底板:玻璃板或磨光的铜板、不锈钢板(表面粗糙度 $Ra0.2\mu m$)。

(4)恒温水槽:容量不少于10L,控制温度的准确度为0.1℃,水槽中应设有带孔搁架,搁架距水槽底不得少于50mm。试件浸入水中深度不小于100mm。

(5)温度计:量程0~50℃,分度值0.1℃。

2.2.3　试验准备

(1)样品带盖置烘箱中加热至充分流动状态,从烘箱中取出样品,用玻璃棒搅拌均匀,并取出试验小样[整个样品准备过程按《公路工程沥青及沥青混合料试验规程》(JTG E20—2011)中 T0602 沥青试样准备方法进行]。

(2)将隔离剂拌和均匀(甘油与滑石粉的质量比为 2:1),涂于清洁干燥的试模底板和两个侧模表面,并将试模在试模底板上装妥。

(3)按规程 T0602 规定的方法准备试样,然后将试样仔细自试模的一端至另一端往返数次缓缓注入模中,最后略高出试模,灌模时应注意勿使气泡混入,并贴上样品标识。

(4)试件在室温中冷却不少于 1.5h,然后用热刮刀刮除高出试模的沥青,使沥青面与试模面齐平。沥青的刮法应自试模的中间刮向两端,且表面应该刮得很平滑。将试模连同底板再浸入规定试验温度的水槽中保持 1.5h。

(5)检查延度仪拉伸速度是否符合规定要求,然后移动滑板使其指针正对标尺的零点。将延度仪注水,并保温达到试验温度 ±0.1℃。

2.2.4　试验步骤

(1)将保温后的试件连同底板移入已达试验温度的沥青延伸度测定仪水槽中,然后将盛有试样的试模自试模底板上取下,将试模两端的孔分别套在滑板及槽端固定板的金属柱上，并取下侧模。水面距试件表面应不小于25mm。

(2)开动沥青延伸度测定仪，并注意观察试样的延伸情况。此时应注意，在实验过程中，水温应始终保持在试验温度规定的范围内，且仪器不得有振动，水面不得有晃动，当水槽采用循环水时，应暂时中断循环，停止水流。

在试验中，如发现沥青细丝浮于水面或沉入槽底时，应在水中加入酒精或食盐，调整水的密度至与试样相近后，重新试验。

(3)在试件拉断时，读取指针所指标尺上的读数，以厘米表示，在正常情况下，试件延伸时应成锥尖状，拉断时实际断面接近于零。如不能得到这种结果，则应在报告中注明。

2.2.5　试验结果计算

(1)同一试样，每次平行试验不少于3个，如3个测定结果均大于100cm，试验结果记作“ >100cm”；特殊需要也可以分别记录实测值。如3个测定结果中，有一个以上的测定值小于100cm时，若最大值或最小值与平均值之差满足重复性试验精密度要求，则出3个测定结果的平均值的整数作为延度试验结果，若平均值大于100cm，记作“ >100cm”；若最大值或最小值与平均值之差不满足重复性精密度要求时，试验应重新进行。

(2)允许误差。当试验结果小于100cm时，重复性试验的允许误差为平均值的20%；再现性试验的允许误差为平均值的30%。

2.2.6 试验记录

沥青延度试验记录示例见表T0605-1。

沥青延度试验记录表　　　　表T0605-1

施工路段			环境条件	温度25℃　湿度50%
试验规程及方法	T0605—2011		试验设备及编号	沥青延度仪3110358
样品描述	完好、可检		试验日期	年　月　日
沥青延度试验				
试验温度(℃)	15			
延度(cm)	一	二	三	平均值
	90.1	92.1	92.5	92
备注:				

2.2.7 试验规程及评定依据

(1)《公路工程沥青及沥青混合料试验规程》(JTG E20—2011)。

(2)《公路沥青路面施工技术规范》(JTG F40—2004)。

2.2.8 注意事项

(1)在保证样品充分流动的情况下,烘样时间应尽量缩短,避免沥青老化。

(2)试模内隔离剂涂抹均匀,不可过多,否则占用试模的空间导致试样尺寸偏差。

(3)浇模时应均匀往复数次浇注。

(4)刮模前应用抹布快速吸干试样表面水分,避免刮模时遇热刮刀出现“飞溅”现象。

(5)刮模时刮刀温度应适当且用力不可过猛。

(6)当沥青丝很细时应及时关闭水循环。

2.3　沥青软化点试验(环球法)(参照T0606—2011执行)

2.3.1　目的与适用范围

本方法适用于测定道路石油沥青、聚合物改性沥青的软化点,也适用于测定液体石油沥青、煤沥青蒸馏或乳化沥青蒸发残留物的软化点。

2.3.2　主要检测设备

(1)沥青软化点仪,主要由以下部件组成:

①钢球:直径9.53mm,质量3.5g±0.05g。

②试样环:黄铜或不锈钢等制成。

③钢球定位环:黄铜或不锈钢制成。

④金属支架:由两个主杆和三层平行的金属板组成。上层为一圆盘,直径略大于烧杯直径,中间有一圆孔,用以插放温度计。中间板上有两个孔,各放置金属环,中间有一小孔可支持温度计的测温端部。一侧立杆距环上面

51mm处刻有水高标记。环下面距下层底板为25.4mm,而下底板距烧杯底不少于12.7mm,也不大于19mm。三层金属板和两个主杆由两螺母固定在一起。

⑤耐热玻璃烧杯:800～1 000mL,直径不小于86mm,高不小于120mm。

⑥温度计:0～100℃,分度为0.5℃。

(2)恒温水槽:控温精确度为0.5℃。

(3)其他:电炉、平刮刀、镊子、玻璃板、甘油滑石粉隔离剂、蒸馏水或纯净水。

2.3.3 试验准备

(1)检查软化点仪是否正常启动,加热控温功能是否正常。

(2)设定恒温水槽温度为试验温度,检查控温精度是否满足要求。

(3)设定烘箱温度至软化点以上90℃,通常道路石油沥青为140℃±5℃,改性沥青为170℃±10℃。

(4)样品带盖置烘箱中加热至充分流动状态,从烘箱中取出样品,用玻璃棒搅拌均匀,并取出试验小样[整个样品准备过程按《公路工程沥青及沥青混合料试验规程》(JTG E20—2011)中T 0602沥青试样准备方法进行]。

2.3.4 试验步骤

(1)试验软化点在80℃以下者:

①将试样环置于涂有甘油滑石粉隔离剂（甘油与滑石粉的质量比为2∶1）的试样底板上，将准备好的沥青试样徐徐注入试样环内至略高出环面为止，在对应位置的底板上贴上标识。

②试样在室温下冷却30min后，用热刮刀刮除环面上的试样，确保与环面齐平。

③将装有试样的试样环连同试样底板置于5℃±0.5℃水的恒温水槽中至少15min；同时将金属支架、钢球、钢球定位装置等也置于相同温度的水槽中。

④在烧杯内注入适量新煮沸并已冷却至5℃的蒸馏水或纯净水，水面略低于立杆上的深度标记。

⑤从恒温水槽中取出盛有试样的试样环放置在支架中层板的圆孔中，套上定位装置，放置好钢球，然后把整个支架放入烧杯中。

⑥把烧杯连同支架放入仪器，将0～100℃的温度计由上层板中心孔垂直插入，使端部测温头底部与试样环下面齐平，将搅拌装置放入烧杯中。

⑦开启软化点试验仪开始加热，使杯中水温在3min内调节至维持每分钟上升5℃±0.5℃。在加热过程中，应记录每分钟上升的温度，如果温度上升速度超出此范围时，则试验应重新进行。

⑧试样受热逐渐下坠，至与支架下底板表面接触时，立即读取温度，精确至0.5℃。

（2）当试样软化点在80℃以上者：

①将装有试样的试样环连同试样底板置于装有32℃ ± 1℃甘油的恒温水槽中至少15min;同时将金属支架、钢球、钢球定位环等亦置于甘油中。

②在烧杯内注入预先加热至32℃的甘油,其液面略低于立杆上的深度标记。

③从恒温水槽中取出装有试样的试样环,按上述2.3.4⑤~2.3.4⑧的方法步骤进行测定,准确至0.1℃。

2.3.5 试验结果计算

(1)同一试样平行试验两次,取其平均值作为试验结果。

(2)允许误差

当试样软化点小于80℃时,重复性试验的允许误差为1℃,再现性试验的允许误差为4℃。

当试样软化点大于或等于80℃时,重复性试验的允许误差为2℃,再现性试验的允许误差为8℃。

2.3.6 试验记录

沥青软化点试验(环球法)记录示例见表T0606-1。

2.3.7 试验规程及评定依据

(1)《公路沥青及沥青混合料试验规程》(JTG E20—2011)。

(2)《公路沥青路面施工技术规范》(JTG F40—2004)。

沥青软化点试验(环球法)记录表

表 T0606-1

施工路段		环境条件	温度 25℃　湿度 50%
试验规程及方法	T 0606—2011	试验设备及编号	沥青软化点仪 3112881
样品描述	完好、可检	试验日期	年　月　日

沥青软化点试验

样品编号	室内温度(℃)	烧杯内液体名称	烧杯中液体温度上升记录(℃)															
			开始加热时	1min末	2min末	3min末	4min末	5min末	6min末	7min末	8min末	9min末	10min末	11min末	12min末	13min末	14min末	15min末
1	25	水	5.0	7.6	10.9	15.9	21.4	26.9	32.0	37.0	42.0	47.4		—	—	—	—	—
2	25	水	5.0	7.6	10.8	15.9	21.3	26.5	32.0	37.5	42.5	47.5		—	—	—	—	—
备注																		

2.3.8 注意事项

(1)软化点仪环架上任何部分不得附有气泡。

(2)软化点在 80℃以下时采用蒸馏水,80℃以上时采用甘油进行试验。

(3)加热过程中温度的上升速度在试验开始 3min 后,应严格控制在 5℃ ±0.5℃范围内。

2.4 沥青闪点与燃点试验(参照 T0611—2011 执行)

2.4.1 目的与适用范围

本方法适用于克利夫兰开口杯测定黏稠石油沥青聚合物改性沥青及闪点在 79℃以上的液体石油沥青材料的闪点和燃点,以供评定施工安全性时使用。

2.4.2 主要检测设备

(1)沥青闪点燃点测试仪:精度 2℃,点火器端部外径 1.6mm,内径 0.7 ~0.8mm,火焰大小可以调节,可以 150mm 半径水平旋转,端部恰好通过开口杯中心上方 2 ~2.5mm 以内,火焰通过开口杯的时间为 1s。三面均有挡风装置。可控制加热速度 14 ~17℃/min,和 5.5℃/min ±0.5℃/min。

(2)克利夫兰开口杯:用黄铜或铜合金制成,内口直径 63.5mm ±0.5mm,深 33.6mm ±0.5mm,在内壁与杯上口的距离为 9.4mm ±0.4mm 处刻有一道环状标线,带一个弯柄把手。

(3)点火器。

（4）温度计：0～360℃，分度为2℃。

（5）秒表。

2.4.3　试验准备

（1）检查闪点燃点测试仪电源是否接通，开关是否正常，加热及点火器能正常点火及水平扫描。

（2）准备好试样杯。

（3）辅助物品准备。

（4）样品准备。

样品带盖置烘箱中加热至充分流动状态，从烘箱中取出样品，用玻璃棒搅拌均匀，并取出试验小样（整个样品准备过程按《公路工程沥青及沥青混合料试验规程》（JTG E20—2011）中T 0602沥青试样准备方法进行）。

2.4.4　试验步骤

（1）将试样倒入试样杯中至标线，并贴上样品标识，放入测试仪中。

（2）调试火焰成标准球形或直径为4mm±0.8mm的火球。

（3）试样加热，速度控制在14～17℃/min。

（4）在预期闪点前28℃时升温速度控制在5.5℃/min±0.5℃/min。

（5）每隔2℃点火器火焰沿试样杯中心扫过一次。

（6）当试样液面出现一瞬即灭的蓝色火焰时即为闪点。

（7）继续加热，保持试样升温速度5.5℃/min±0.5℃/

min,当试样接触火焰立即着火,并能继续燃烧不少于5s时,停止加热,并读记温度计上的温度,作为试样的燃点。

(8)试验结束,关闭仪器电源。

2.4.5 数据处理

(1)同一试样至少平行试验两次,两次测定结果的差值不超过重复性试验允许差8℃时,取其平均值的整数作为试验结果。

(2)重复性试验允许误差为:闪点8℃,燃点8℃;再现性试验允许误差为:闪点16℃,燃点14℃。

(3)当试验时大气压在95.3kPa(715mmHg)以下时,应对闪点试验结果进行修正,当大气压为95.3~84.5kPa(715~634mmHg)时修正值需增加2.8℃,当大气压为84.5~73.3kPa(634~550mmHg)时修正值需增加5.5℃。

2.4.6 试验记录

沥青闪点与燃点试验记录示例见表T0611-1。

沥青闪点试验原始记录表 表T0611-1

施工路段		环境条件	温度25℃ 湿度50%
试验规程及方法	T0611—2011	试验设备及编号	沥青闪点燃点测试仪3110359
样品描述	完好、可检	试验日期	年 月 日
沥青闪点试验			
试验次数	1	2	
试验值	286	290	

续上表

平均值	288	
沥青燃点试验		
试验次数	1	2
试验值	338	340
平均值	339	
备注：		

2.4.7 试验规程及评定依据

(1)《公路沥青及沥青混合料试验规程》(JTG E20—2011)。

(2)《公路沥青路面施工技术规范》(JTG F40—2004)。

2.4.8 注意事项

(1)操作人员需要熟悉试验操作规程,能熟练操作仪器方可进行本试验。

(2)试验前必须检查所用的仪器设备,确保设备功能正常。

(3)试验过程中注意观察沥青样品加热过程中出现“漫锅”的现象,严禁沥青漫出。

(4)试验结果受样品的升温速度的影响较大,应严格控制。

(5)确保试验环境的空气没有明显流通。

(6)当达到燃点时立即停止试验,以免发生火灾危险。

2.5　沥青与粗集料的黏附性试验(参照 T0616—1993 执行)

2.5.1　目的与适用范围

本方法适用于检验沥青与粗集料表面的黏附性及评定粗集料的抗水剥离能力。对于最大粒径大于 13.2mm 的集料应用水煮法,对于最大粒径不大于 13.2mm 的集料应用水浸法进行试验。对同一种料源集料最大粒径既有大于又有小于 13.2mm 不同的集料时,取大于 13.2mm 水煮法试验为标准。对细粒式沥青混合料应以水浸法试验为标准。

2.5.2　主要检测设备

(1)天平:称量 500g,感量不大于 0.01g。

(2)恒温水槽:能保持温度 80℃ ±1℃。

(3)拌和用小型容器:500mL。

(4)烧杯:1 000mL。

(5)试验架。

(6)细线:尼龙线、棉线或铜丝线。

(7)标准筛:9.5mm、13.2mm、19mm 各 1 个。

(8)烘箱:装有自动温度调节器。

(9)电炉。

(10)玻璃板:200mm × 200mm 左右。

(11)搪瓷盘:300mm × 400mm 左右。

其他:搅和铲、石棉网、手套等。

2.5.3　水煮法试验

(1)试验准备

①将集料过 13.2mm、19mm 标准筛,取粒径 13.2 ~ 19mm 形状接近立方体的规则集料 5 个,用洁净水洗净,置温度为 105℃ ± 5℃ 的烘箱中烘干,然后放在干燥器中备用。

②将大烧杯中盛水,并置加热炉的石棉网上煮沸。

(2)试验步骤

①将集料逐个用细线在中部系牢,再置 105℃ ± 5℃ 烘箱内 1h。

②逐个用线提起加热的矿料颗粒,浸入预先加热的沥青试样中(石油沥青为 130 ~ 150℃)45s 后,轻轻取出,使集料颗粒完全为沥青膜所裹覆。

③将裹覆沥青的集料颗粒悬挂于试验架上,下面垫一张纸,使多余的沥青流掉,并在室温下冷却 15min。

④待集料颗粒冷却后,逐个用细线提起,浸入盛有煮沸水的大烧杯中央,调整加热炉,使烧杯中的水保持微沸状态,但不允许有沸开的泡沫。

⑤浸煮 3min 后,将集料从水中取出,观察矿料颗粒上沥青膜的剥落程度,并按表 T0616-1 评定其黏附性等级。

沥青与集料的黏附性等级 表 T0616-1

试验后集料表面上沥青膜剥落情况	黏附性等级
沥青膜完全保存,剥离面积百分率接近于0	5
沥青膜少部分为水所移动,厚度不均匀,剥离面积百分率小于10%	4
沥青膜局部明显的为水所移动,基本保留在集料表面上,剥离面积百分率小于30%	3
沥青膜大部分为水所移动,局部保留在集料表面上,剥离面积百分率大于30%	2
沥青膜完全为水所移动,集料基本裸露,沥青全浮于水面上	1

2.5.4 水浸法试验

(1)试验准备

①将集料过9.5mm、13.2mm的标准筛,取粒径9.5～13.2mm形状规则的集料200g用洁净水洗净,并置温度为105℃±5℃的烘箱中烘干,然后放在干燥器中备用。

②按规程T0602—2011准备沥青试样,并按T0702—2011的要求加热至沥青与矿料的拌和温度。

③将煮沸过的热水注入恒温水槽中,并维持温度80℃±1℃。

(2)试验步骤

①按四分法称取集料颗粒(9.5～13.2mm)100g置搪瓷盘中,连同搪瓷盘一起放入已升温至沥青拌和温度以上5℃的烘箱中持续加热1h。

②按每100g矿料加入沥青5.5g±0.2g的比例称取沥青,精确至0.1g,放入小型拌和器中,一起置入同一烘箱中

加热 15min。

③将搪瓷盘中的集料倒入拌和容器的沥青中后，立即用金属铲均匀拌和1～1.5min，使集料完全被沥青薄膜裹覆。然后，立即将裹有沥青的集料取 20 个，用小铲移至玻璃板上摊开，并置室温下冷却 1h。

④将放有集料的玻璃板浸入温度 80℃ ±1℃ 的恒温水槽中，保持 30min，并将剥离及浮于水面的沥青，用纸片捞出。

⑤由水中小心取出玻璃板，浸入水槽内的冷水中，仔细观察裹覆集料的沥青薄膜的剥落情况。由两名以上经验丰富的试验人员分别目测，评定剥离面积的百分率，评定后取平均值表示。

2.5.5　试验结果评定

由两名以上经验丰富的试验人员按表 T0616-1 分别进行评定，取平均等级作为试验结果。

2.5.6　试验记录

沥青与矿料的黏附性试验记录示例见表 T0616-2。

沥青与矿料的黏附性试验记录表　　表 T0616-2

试样编号	试验方法	沥青剥落面积及程度描述	评定等级
1	T 0616—1993	沥青膜完全保存，剥离面积百分率接近于 0	5
2	T 0616—1993	沥青膜完全保存，剥离面积百分率接近于 0	5
3	T 0616—1993	沥青膜完全保存，剥离面积百分率接近于 0	5

续上表

试样编号	试验方法	沥青剥落面积及程度描述	评定等级
4	T 0616—1993	沥青膜少部分为水所移动,厚度不均匀,剥离面积百分率小于10%	4
5	T 0616—1993	沥青膜少部分为水所移动,厚度不均匀,剥离面积百分率小于10%	4

2.5.7 试验规程及评定依据

(1)《公路工程沥青及沥青混合料试验规程》(JTG E20—2011)。

(2)《公路沥青路面施工技术规范》(JTG F40—2004)。

2.5.8 注意事项

(1)水煮法试验用集料取粒径13.2~19mm的颗粒,水浸法试验用集料取粒径9.5~13.2mm的颗粒。

(2)水煮法试验中,大烧杯内的水应保持微沸状态,但不允许有沸开的泡沫。

(3)当使用改性沥青时,建议改性沥青预热温度为170℃±10℃。

2.6 聚合物改性沥青离析试验(参照T0661—2011执行)

2.6.1 目的与适用范围

本方法适用于测定聚合物改性沥青的离析性,以评价改性剂与基质沥青的相容性。

2.6.2　主要检测设备

(1)沥青软化点仪,同 T0606—2011 沥青软化点试验。

(2)试样管:铝管,直径约 25mm,长约 140mm,一端开口。

(3)电子天平。

(4)烘箱:能保温 163℃ ±5℃。

(5)家用冰箱。

(6)支架:能支撑盛样管,竖立放入烘箱和冰箱中。

(7)剪刀。

(8)其他:样品盒、夹子、烧杯、平刮刀、甘油滑石粉隔离剂等。

2.6.3　试验准备

(1)检查软化点仪是否正常启动,加热控温功能是否正常。

(2)调平天平:检查天平水准气泡是否居中,如果不居中,调节天平下方的脚螺旋,直至水准气泡居中为止。

(3)设定恒温水槽温度为试验温度,检查控温精度是否满足要求。

(4)设定离析用烘箱温度为 163℃ ±5℃。

(5)样品带盖置烘箱中加热至充分流动状态,从烘箱中取出样品,用 0.3mm 筛过筛,稍加用玻璃棒搅拌均匀,并取出试验小样[整个样品准备过程按《公路工程沥青及沥青混合料试验规程》(JTG E20—2011)中T 0602沥青试样准备方法进行]。

2.6.4　试验步骤

(1)将样品注入试样管中,质量约为50g,并在管壁标注样品编号。

(2)将铝管开口的一端捏成一薄片,并折叠两次以上,然后用小夹子夹紧,密闭,将试样管连同支架一起放入163℃ ±5℃烘箱中,在不受任何扰动的情况下静放48h ±1h。

(3)加热结束后,将试样管连同支架一起从烘箱中轻轻取出,放入家用冰箱的冷柜中,保持试样管竖立状态,时间不少于4h,使试样凝为固体。

(4)待沥青全部固化后,从冰箱中取出试样管。

(5)试样温度稍有回升发软时,用剪刀将试样管剪成相等的3截。

(6)取其头尾两段分别放入样品盒中,然后置于163℃ ±5℃烘箱中加热。

(7)待试样熔化后,取出样品盒中的试样管,摇匀试样,然后将试样灌入软化点环中,并贴上标识。

(8)其他按T0606—2011沥青软化点试验方法操作。

2.6.5　试验结果计算

(1)对上部与下部沥青试样按T0606—2011进行软化

点试验，计算其差值。

(2)同一试样平行试验两次，取平均值作为试验结果。

2.6.6 试验记录

聚合物改性沥青离析试验记录示例见表 T0661-1。

聚合物改性沥青离析试验记录表　　表 T0661-1

<table>
<tr><td>施工路段</td><td colspan="2"></td><td>环境条件</td><td colspan="2">温度 25℃　湿度 50%</td></tr>
<tr><td>试验规程及方法</td><td colspan="2">T0661—2011</td><td>试验设备及编号</td><td colspan="2">沥青软化点仪 3112881</td></tr>
<tr><td>样品描述</td><td colspan="2">完好、可检</td><td>试验日期</td><td colspan="2">年　　月　　日</td></tr>
<tr><td colspan="6">SBS、SBR 类聚合物改性沥青</td></tr>
<tr><td>试验次数</td><td>顶部沥青软化点</td><td>底部沥青软化点</td><td colspan="2">贮存稳定性离析(℃)</td><td>平均值</td></tr>
<tr><td>1</td><td>74.3</td><td>74.0</td><td colspan="2">0.3</td><td rowspan="2">0.4</td></tr>
<tr><td>2</td><td>74.5</td><td>74.0</td><td colspan="2">0.5</td></tr>
<tr><td colspan="6">备注：</td></tr>
</table>

2.6.7 试验规程及评定依据

(1)《公路沥青及沥青混合料试验规程》(JTG E20—2011)。

(2)《公路沥青路面施工技术规范》(JTG F40—2004)。

2.6.8 注意事项

(1)铝管管口应折叠两次以上。

(2)离析的烘箱温度应控制在163℃ ±5℃范围内。

(3)试样管放入冰箱中不少于4h,但也不宜时间过长,试样凝为固体即可。

3 沥青混合料试验

3.1 沥青混合料试件制作方法(击实法)

(参照 T0702—2011 执行)

3.1.1 目的与适用范围

(1)本方法适用于标准击实法或大型击实法制作沥青混合料试件,以供试验室进行沥青混合料物理力学性质试验使用。

(2)标准击实法适用于马歇尔试验、间接抗拉试验(劈裂法)等所使用的 ϕ101.6mm×63.5mm 圆柱体试件的成型,大型击实法适用于 ϕ152.4mm×95.3mm 圆柱体试件的成型。

(3)沥青混合料试件制作的条件及试件数量应符合下列规定:

①当集料公称最大粒径小于或等于 26.5mm 时,采用标准击实法。一组试件数量不少于 4 个。

②当集料公称最大粒径大于 26.5mm 时,宜采用大型击实法。一组试件数量不少于 6 个。

3.1.2 主要检测设备

(1)电动脱模器:可无破损地推出圆柱体试件,备有标准圆柱体试件及大型圆柱体试件尺寸的推出环。

(2)马歇尔电动击实仪:分为标准马歇尔击实仪(锤质量4 536g ±9g,落锤高度457.2mm ±1.5mm);大型击实仪(锤质量10 210g ±10g,落锤高度457.2mm ±2.5mm),如图T0702-1所示。

(3)试验室用沥青混合料拌和机:拌和锅容量不小于10L,拌叶自转速度为70 ~80r/min,公转速度为40 ~50r/min,如图T0702-2所示。

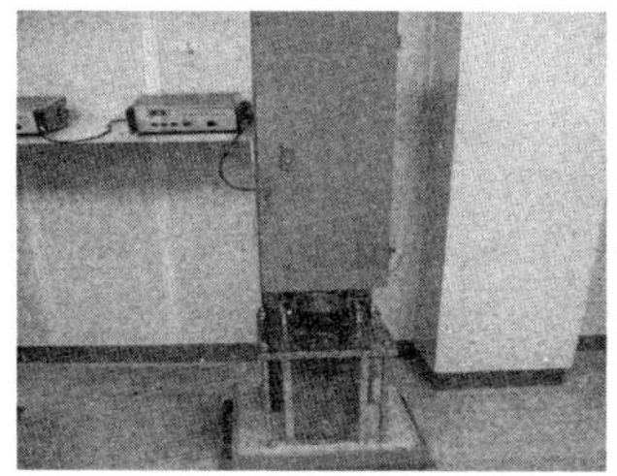

图T0702-1 马歇尔电动击实仪

图T0702-2 沥青混合料拌和机

(4)电热鼓风干燥箱:装有温度自动调节器。

(5)试模:标准马歇尔试模应符合内径101.6mm ±0.2mm,高87mm(大型马歇尔试模应符合内径152.4mm ±0.2mm,高115mm)、底座直径约120.6mm(大型马歇尔172mm)和套筒内径104.8mm、高70mm(大马歇尔套筒内径155.6mm ±0.3mm、总高83mm)各1个。

(6)天平或电子秤:用于称量沥青的,感量不大于0.1g;用于称量矿料的,感量不大于0.5g。

（7）其他：插捣棒、拌和铲、圆纸片、红外测温仪、凡士林、游标卡尺、手套、平铲、瓷盘等。

3.1.3 试验准备

（1）将拌和厂或施工现场采集的沥青混合料试样置于150℃烘箱中烘散，取已烘散的沥青混合料不少于2倍试验用量，再采用四分法缩分至试验所需用量。

（2）在试验室人工配制沥青混合料时，材料准备按下列步骤进行：

①确定制作沥青混合料试件的拌和与压实温度：当使用道路石油沥青时，以运动黏度为(0.17±0.02)Pa·s时的温度为拌和温度，(0.28±0.03)Pa·s时的温度为压实温度。当使用改性沥青时，拌和与压实温度以沥青材料供应商提供值为准，通常在道路石油沥青的基础上提高10℃~20℃，掺加纤维时，需再提高10℃左右。

②样品取样：将各种规格的矿料置105℃±5℃的烘箱中烘干至恒重(一般不少于4h)，按四分法称取所需集料的质量，集料的质量=沥青混合料质量×矿料占混合料的比例，各档矿料的质量=集料的质量×各档矿料的比例，沥青的质量=沥青混合料质量×沥青占混合料的比例。

③样品加热：将集料和沥青分别放入已达规定温度的烘箱中进行加热。当采用改性沥青时，集料保温温度通常为180℃，当采用道路石油沥青时，集料保温温度通常为163℃，保温时间2h。道路石油沥青加热温度通常为140~

160℃,改性沥青加热温度通常为160～175℃,沥青加热时间不大于2.5h。

④拌和锅温度设定:将沥青混合料拌和机预热至拌和温度以上10℃左右备用,拌和锅内壁及搅拌叶擦拭干净,保证沥青用量的准确性。

⑤将所需质量并预热的粗细集料置于拌和机中,用料铲手工拌和均匀后,在集料中间位置挖出一凹槽,采用减量法加入所需质量的热沥青。开动拌和机,搅拌1～1.5min,然后暂停拌和,加入单独加热的矿粉,继续拌和均匀为止,并使沥青混合料保持在要求的拌和温度范围内。标准的总拌和时间为3min(如需加入纤维时,应先将纤维和矿料一起干拌10～20s,再按上述步骤进行)。

⑥将拌和均匀的沥青混合料从拌和锅取出放入干净的瓷盘中。

(3)设定击实次数:将马歇尔电动击实仪的击实次数设定为75次或50次。大型马歇尔试件击实次数设定为112次或75次。

(4)用粘有少许凡士林的棉纱擦净试模、套筒、底座、击实台及导杆,并将试模、套筒及底座置于100℃左右的烘箱中加热1h备用。

3.1.4　试验步骤

(1)将沥青混合料均匀分成若干份,每份约为一个试件所需的用量(通常标准试件对石灰岩沥青混合料取

1190g 进行试装，对玄武岩沥青混合料取 1210g 进行试装）。放置在高于击实温度 5～10℃ 的烘箱中保温。

（2）从烘箱中取出预热的试模及套筒，将试模装在底座上，垫一张吸油性小的圆形纸，套上套筒。用红外测温仪检查混合料温度，待混合料温度符合要求的压实温度后，将一份混合料装入试模中，用插捣棒沿周边插捣 15 次，中间 10 次，插捣后将沥青混合料表面整平后，放入一张吸油性小的圆形纸，如图 T0702-3 所示。

a)安装好套筒覆上垫纸

b)测温仪检查混合料温度

c)迅速装入混合料

d)混合料进行插捣

图 T0702-3　混合料装模过程

（3）将试模连同底座一起放在击实台上固定，将击实仪的导向棒插入试模中，启动击实仪，将击实锤从457.2mm

的高度自由落下,击实规定的次数。

(4)试件击实一面后,取下套筒,将试模掉转 180°,装上套筒,然后以同样的方法和次数击实另一面,如图 T0702-4 所示。

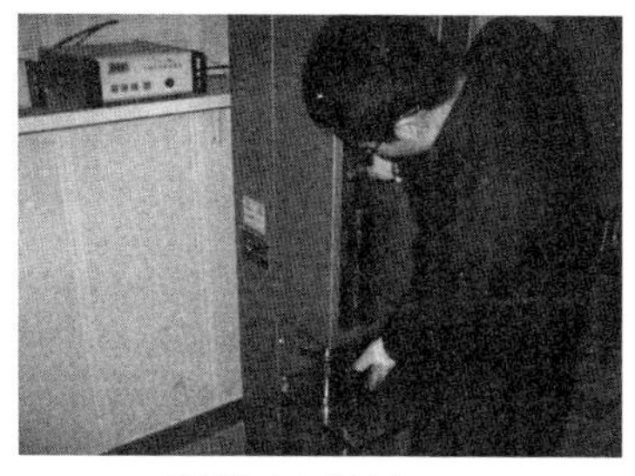

a)试模装入击实平台

b)击实反面

图 T0702-4 马歇尔试件单面击实完成后翻转 180°击实另一面

(5)试件击实结束后,用镊子取掉上下面垫有的圆形纸,用游标卡尺量取试件高度,如图 T0702-5 所示,如高度不符合要求时,试件应作废,并按公式 T0702-1 调整试件质量,使试件高度符合 63.5mm ± 1.3mm(标准试件)或 95.3mm ±2.5mm(大型试件)的要求。

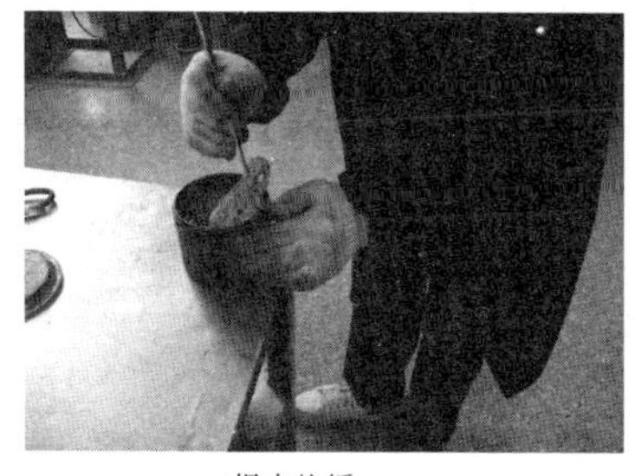

a)揭去垫纸

b)游标卡尺测高

图 T0702-5 击实后揭纸后量取试件高度

$$调整后混合料质量 = \frac{要求试件高度 \times 原用混合料质量}{所得试件的高度} \tag{T0702-1}$$

(6)将装有试件的试模横向放置于室温环境中冷却12h以上。

(7)将冷却后的试件放入脱模器中脱模,以备后续试验使用。

3.1.5　试验规程及评定依据

《公路工程沥青及沥青混合料试验规程》(JTG E20—2011)。

3.1.6　注意事项

(1)装料的插捣过程注意插捣棒应竖向进行插捣,并要插捣到底座,防止在插捣过程中将粗集料带到表面从而出现离析现象。

(2)试件要在完全冷却后才能进行脱模。

3.2　压实沥青混合料密度试验(表干法)(参照T0705—2011执行)

3.2.1　目的与适用范围

(1)表干法适用于测定吸水率不大于2%的各种沥青混合料试件。包括密级配沥青混凝土、沥青玛蹄脂碎石混合料(SMA)和沥青稳定碎石等沥青混合料试件的毛体积相对密度或毛体积密度。标准温度为25℃ ±0.5℃。

(2)本方法测定的毛体积密度适用于计算沥青混合料试件的空隙率、矿料间隙率等各项体积指标。

3.2.2 主要检测设备

(1)溢流水箱:使用洁净水,有水位溢流装置,保持试件和网篮浸入水中后的水位一定。能调节水温至25℃ ±0.5℃。

(2)试件悬吊装置:天平下方悬吊网篮及试件的装置,吊线应采用不吸水的细尼龙线绳,并有足够的长度。

(3)浸水天平或电子天平:当最大称量在3kg以下时,感量不大于0.1g;最大称量3kg以上时,感量不大于0.5g;应有测量水中重的挂钩。

(4)网篮。

(5)小平铲,游标卡尺,毛巾。

图 T0705-1 溢流水箱及电子天平

3.2.3 试验准备

(1)准备6个马歇尔标准试件逐个标注试件序号。

(2)用小平铲除去试件表面的浮粒,对外观有缺陷的试件应废除。

(3)测量试件的直径及高度:用卡尺测量试件中部的

直径,在十字对称的 4 个方向测量离试件边缘 10mm 处的高度,精确至 0.1mm,并以其平均值作为试件高度。如试件高度不符合 63.5mm ±1.3mm 要求或两侧高度差大于 2mm 时,此试件应作废,如图 T0705-2 所示。

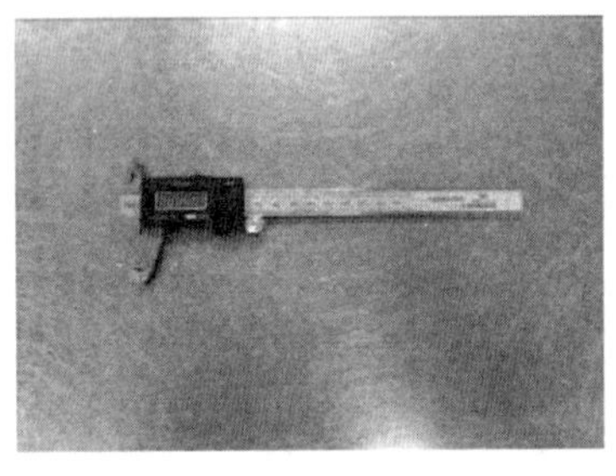

图 T0705-2　游标卡尺量取试件尺寸

(4)天平调平:检查天平水准气泡是否居中,如果不居中,调节天平下方的脚螺旋,直至水准气泡居中为止。

(5)水箱的水位调整:当水位低于溢流口时应及时补充水至溢流口处。

3.2.4　试验步骤

(1)选择适宜的浸水天平,最大称量不小于试件质量的 1.25 倍,且不大于试件质量的 5 倍。

(2)将准备好的试件逐一放在电子天平上进行称量,记录试件空气中质量(m_a),精确至 0.1g。

(3)将溢流水箱水温保持在 25℃ ±0.5℃。将网篮浸入水箱,天平置零,把试件至于网篮中(注意不要晃动水),浸入水中 3 ~ 5min,称取水中质量(m_w),若天平读数持续变化，不能很快达到稳定，说明试件吸水较严重，不适用于此测定方法，应改用 T0707—2011 的蜡封法进行测定。

（4）把测完水中质量的试件取出，用洁净柔软且湿度适当的湿毛巾轻轻擦去试件的表面水（毛巾湿度以不得吸走空隙内的水为准），称取试件的表干质量（m_f）。从试件拿出水面到擦拭结束不宜超过 5s，称量过程中流出的水不得再擦拭。

（5）对从路上钻取的非干燥试件可先称取水中质量（m_w）和表干质量（m_f），然后再用电风扇将试件吹干至恒重（一般不少于 12h，当不需要进行其他试验时也可用 60℃ ±0.5℃烘箱烘干至恒重），再称取空气中质量（m_a）。

3.2.5 试验结果计算

沥青混合料试件的毛体积相对密度和毛体积密度，分别按式（T0705-1）和式（T0705-2）计算。

$$\gamma_f = \frac{m_a}{m_f - m_w} \qquad (T0705\text{-}1)$$

$$\rho_f = \frac{m_a}{m_f - m_w} \times \rho_w \qquad (T0705\text{-}2)$$

式中：γ_f——试件的毛体积相对密度；

ρ_f——试件的毛体积密度，g/cm^3；

m_a——干燥试件的空气中质量，g；

m_w——试件的水中质量，g；

m_f——试件的表干质量，g；

ρ_w——25℃时的水的密度，取 0.9971g/cm^3。

3.2.6 试验记录

压实沥青混合料密度试验记录示例见表 T0705-1。

压实沥青混合料密度试验记录表(表干法)　表 T0705-1

序号	取芯桩号	左/右幅距中位置(m)	实测厚度(mm)	试件空气中质量(g)	试件水中质量(g)	试件表干质量(g)	试件毛体积相对密度
1	K12 +020	4.0	58.4	1112.3	654.3	1115.2	2.413
2	K12 +230	8.0	62.6	1186.4	698.4	1191.1	2.408
3	K12 +450	5.0	54.1	1101.2	649.4	1104.2	2.421
4	K12 +730	7.0	67.0	1223.6	715.0	1225.9	2.395
5	K12 +940	2.0	63.5	1215.2	714.8	1218.8	2.411
6	K13 +150	4.0	62.4	1194.3	701.5	1197.7	2.407
备注							

3.2.7 试验规程及评定依据

《公路工程沥青及沥青混合料试验规程》(JTG E20—2011)。

3.2.8 注意事项

(1)试验前需将试件表面的浮粒清除干净。

(2)对于表干状态的试件应保证试件表面无明显水迹且空隙中的水不被吸出。

(3)每次称量前将电子天平置零。

(4)对于容积较小的水箱，在试验检测过程中要充分考虑水位线变化对试验检测结果的影响，在实际操作过程中应保持水位不低于溢水口，若水位高出溢水口宜等多余水溢出后再进行试验。

3.3 沥青混合料理论最大相对密度试验（真空法）（参照T0711—2011 执行）

3.3.1 目的与适用范围

（1）本方法适用于真空法测定沥青混合料理论最大相对密度，供沥青混合料配合比设计、路况调查或路面施工质量管理计算空隙率、压实度等使用。

（2）本方法不适用于吸水率大于3%的多孔性集料的沥青混合料。

3.3.2 主要检测设备

（1）恒温水槽：水槽温度应控制在25℃ ±0.5℃，水槽的容积宜在50L 以上。

（2）最大理论密度仪：由真空泵、真空表、调压装置、压力表及干燥或积水装置。

（3）电子天平：称量5kg 以上，感量不大于0.1g；称量2kg 以下，感量不大于0.05g。应有测量水中质量的挂钩及网篮。

（4）温度计：分度为0.5℃。

（5）其他：秒表、料铲、毛巾等。

3.3.3　试验准备

(1)对于室内拌制的沥青混合料,首先进行短期老化,在163℃ ±5℃烘箱中保温2h以模拟现场施工摊铺效果。将老化后的沥青混合料放置于较大的料盘中,用热料铲进行反复翻拌,翻拌时注意防止细小颗粒损失。对于翻拌仍难以分散的混合料应用手仔细将混合料分散。分散混合料完成标准应做到粗集料不破碎,细集料分散到小于6.4mm,料盘及料铲无黏附混合料。

(2)试样采用四分法取得,两次平行试验中单次的试样质量应不少于表T0711-1的规定,如图T0711-1所示。

公称最大粒径对应的混合料最少试样　　表T0711-1

沥青混合料中集料公称最大粒径(mm)	最少试样质量(g)
37.5	3 500
31.5	3 000
26.5	2 500
19	2 000
16.0、13.2	1 500
9.5	1 000
4.75	500

(3)天平调平:检查天平水准气泡是否居中,如果不居中,调节天平下方的脚螺旋,使水准气泡居中为止。

3.3.4　试验步骤

(1)将负压容器擦拭干净,放置在天平上清零,将两份分散后的沥青混合料中的一份装入负压容器中,称取试样的净质量(m_a),试样质量应不小于表 T0711-1 规定的最小质量。

(2)向负压容器中注入约 25℃ ±0.5℃的水,将混合料完全浸没,水面宜高出混合料表面 1 ~2cm。为使气泡容易除去,试验前可在水中加 0.01% 浓度的表面活性剂(如每 100mL 水中加 0.01g 洗涤灵)。

(3)安装固定好负压容器,拧紧排气阀,并启动真空泵,使负压容器内负压在 2min 内达到 3.7kPa ±0.3kPa。

(4)开启震动开关,同时启动秒表计时,持续时间为 15min ± 2min。负压容器强烈振荡(对于粒径较大的混合料可配合手动振荡,每隔 2min 晃动若干次),以充分排除混合料中的空气。

图 T0711-1　采用四分法取样进行试验

(5)达到规定时间后,关闭振动开关和真空泵开关,将容器静置 2min,使悬浮颗粒沉淀。

(6)拧松排气阀卸压速度不得大于 8kPa/s,打开容器盖,取出负压容器。

(7)电子天平清零后,将装有混合料的负压容器缓缓置于水槽中的网篮上,过程中应注意避免试样与空气接触。约 10min 后,称取负压容器与沥青混合料的水中质量(m_2)。

(8)倒出负压容器中的试样,擦干净负压容器,将其完全浸入保温至 25℃ ± 5℃ 的恒温水槽中，恒温 10min ± 1min，称取负压容器的水中质量（m_1）。

（9）修正试验：对于现场钻芯样或切割后的试件，沥青与集料拌和不均匀，部分集料没有完全裹覆沥青的情况，试验最后需要进行修正：

①将负压容器中混合料通过 0.075mm 集料筛进行水洗过滤。

②将剩下的混合料用吹风机或电风扇吹干至每 15min 称量一次，两次质量差小于 0.05%。

③称取质量为表干质量，用表干质量代替（m_a）。

3.3.5 试验结果计算

（1）沥青混合料理论最大相对密度按式（T0711-1）计算。

$$\gamma_t = \frac{m_a}{m_a - (m_2 - m_1)} \qquad \text{(T0711-1)}$$

式中：γ_t——沥青混合料理论最大相对密度，无量纲；

m_a——干燥沥青混合料试样的空气中质量，g；

m_1——负压容器在 25℃ 水中的质量，g；

m_2——负压容器和沥青混合料在 25℃ 水中的总质量，g。

（2）同一试样至少平行试验两次，取平均值作为试验结果，保留小数点后三位。重复性试验的允许误差为 0.011g/cm^3，再现性试验的允许误差为 0.019g/cm^3。

3.3.6 试验记录

沥青混合料理论最大相对密度试验记录示例见表T0711-2。

沥青混合料理论最大相对密度试验记录表(真空法)　表T0711-2

试件编号	干燥沥青混合料试样空气中质量(g)	负压容器在25℃水中质量(g)	负压容器与沥青混合料在25℃水中质量(g)	理论最大相对密度
1	1 681.3	1 317.4	2 321.4	1.675
2	1 591.4	1 317.4	2 268.5	1.673

3.3.7 试验规程及评定依据

《公路工程沥青及沥青混合料试验规程》(JTG E20—2011)

3.3.8 注意事项

(1)试验前必须检查所用的仪器设备,确保设备压力、振动频率正常。

(2)分散试样过程中严禁用锤敲打结团的混合料,并减少细料损失,避免集料被敲碎影响试验精度。

(3)负压排气状态下容器内水位不宜过高或过低,过高会将水抽入真空泵中导致设备损坏,过低试样易露出水面混入空气影响试验结果。

(4)容器浸入水槽中时操作要缓慢,防止试样与空气接触,避免细集料、轻颗粒溢出容器。

(5)装有沥青混合料的容器在称取水中质量时,应注意天平稳定后再读数,通常等待10min左右。

3.4 沥青混合料马歇尔稳定度试验(参照T0709—2011执行)

3.4.1 目的与适用范围

(1)本方法适用于马歇尔稳定度试验和浸水马歇尔稳定度试验,以进行沥青混合料的配合比设计或沥青路面施工质量检验。浸水马歇尔稳定度试验(根据需要,也可进行真空饱水马歇尔试验)供检验沥青混合料受水损害时抵抗剥落的能力时使用,通过测试其水稳定性检验配合比设计的可行性。

(2)本方法适用于按《公路工程沥青及沥青混合料试验规程》(JTG E20—2011)(以下简称规程)中T0702成型的标准马歇尔试件圆柱体和大型马歇尔试件圆柱体。

3.4.2 主要检测设备

(1)沥青混合料马歇尔试验仪(图T0709-1):符合国家标准《沥青混合料马歇尔试验仪》(GB/T 11823)技术要求的产品,对用于高速公路和一级公路的沥青混合料宜采用自动马歇尔试验仪,用计算机或X-Y记录仪记录荷载—位移曲线,并具有自动测定荷载与试件垂直变形的传感器、位移计,能自动显示或打印试验结果。对ϕ101.6mm×

63.5mm 的标准马歇尔试件，试验仪最大荷载不小于 25kN，读数准确至 0.1kN，加载速率应能保持 50mm/min ± 5mm/min。钢球直径 16mm ±0.5mm，上下压头曲率半径为 50.8mm ±0.08mm，当采用 ϕ152.4mm ×93.5mm 大型马歇尔试件时，试验仪最大荷载不得小于 50kN，读数准确至 0.1kN，上下压头的曲率内径为 152.4mm ±0.2mm，上下压头间距 19.05mm ±0.1mm。

(2)恒温水槽(图 T0709-2)：控温准确度为 1℃，水槽深度不小于 150mm。

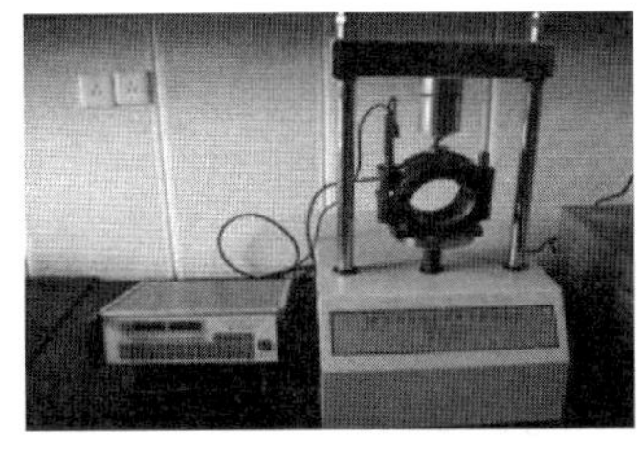

图 T0709-1　马尔稳定度仪

图 T0709-2　恒温水槽

(3)温度计：分度为 1℃。

(4)毛刷、凡士林、胶皮手套、毛巾等。

3.4.3　试验准备

(1)试样准备

①按 T0702 标准击实法成型马歇尔试件，标准试件尺寸应符合直径 101.6mm ±0.2mm、高 63.5mm ±1.3mm 的要求。对大型马歇尔试件，尺寸应符合直径 152.4mm ±0.2mm、高 95.3mm ±2.5mm 的要求。一组试件的数量最少

不得少于4个(建议使用6个)。

②量测试件直径和高度:用卡尺测量试件中部的直径,用马歇尔试件高度测定器或用卡尺在十字对称的4个方向量测离试件边缘10mm处的高度,准确至0.1mm,并以其平均值作为试件的高度。如试件高度不符合63.5mm±1.3mm要求或95.3mm±2.5mm或两侧高度差大于2mm,此试件应作废。

③按“规程”规定的方法测定试件的密度,并计算空隙率、沥青饱和度、矿料间隙率等体积指标。

(2)仪器准备

①检查稳定度上下压头内壁是否干净。

②检查压头滑杆是否润滑无阻力。

③将恒温水槽调节至要求的试验温度如图T0709-3,对黏稠石油沥青或烘箱养生过的乳化沥青混合料为60℃±1℃,对煤沥青混合料为33.8℃±1℃,对空气养生的乳化沥青或液体沥青混合料为25℃±1℃。

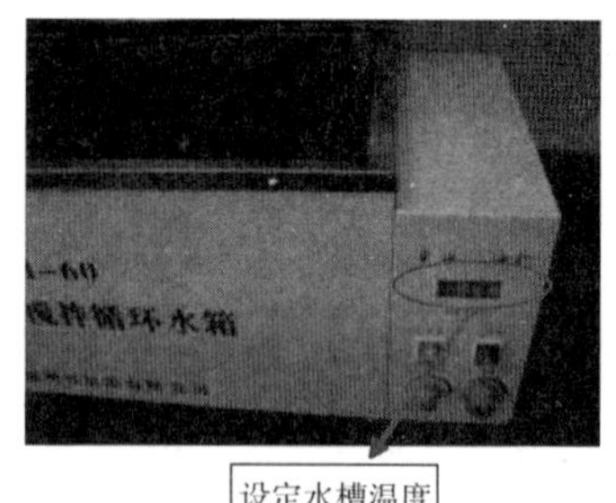

图T0709-3　设定恒温水槽温度

3.4.4　试验步骤

(1)马歇尔稳定度试验方法

①将标准试件及稳定度上下压头置于已达规定温度的恒温水槽中保温30~40min,对大型马歇尔试件需45~60min。

试件之间应留有至少 2cm 间隔，底下应垫起，离水槽底部不小于 5cm。

②将上下压头从水槽中取出擦干净表面水。在压头的导棒上及压头内面涂少量润滑剂（如凡士林）。固定流值计，开启稳定度仪电源开关见图 T0709-4。

上下压头放入水槽中

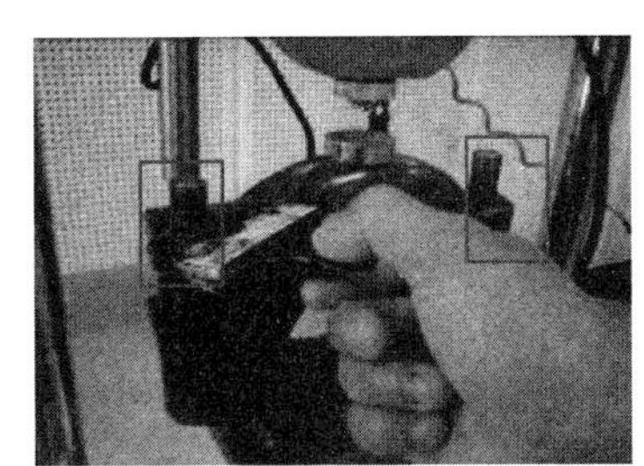

压头导棒上涂少量黄油

流值计安装于导棒上

图 T0709-4 马歇尔稳定度试验仪器准备

③将达到保温条件的试件迅速取出，置于上下压头之间，启动加载按钮，当试验荷载达到最大值时，仪器自动停止加载，读取屏幕显示的荷载读数和流值读数（从恒温水槽中取出试件至测出最大荷载值的时间，不应超过 30s），记录数据见图 T0709-5。

(2)浸水马歇尔试验方法

①将标准试件放入规定温度的水槽中(60℃)中保温 48h。

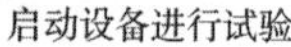

启动设备进行试验

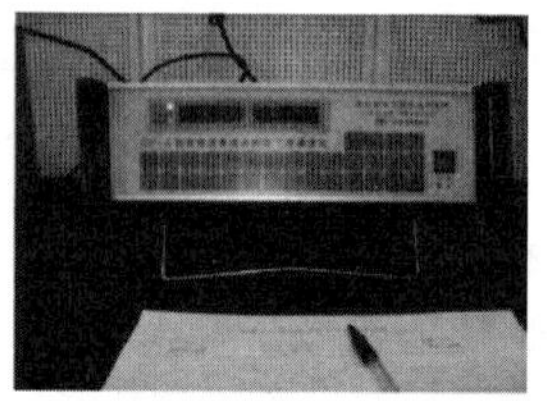

记录数据

图 T0709-5　马歇尔稳定度试验过程

②重复上述马歇尔稳定度试验操作步骤,测出试件浸水 48h 后的稳定度及流值,并记录数据。

3.4.5　试验结果计算

(1)计算公式

①稳定度及流值

由荷载测定装置读取的最大值即试样的稳定度(MS),以 kN 计,精确至 0.01kN。

由流值计及位移传感器测定装置读取的试件垂直变形,即为试件的流值(FL),以 mm 计,精确至 0.1mm。

②试件的浸水残留稳定度按下式计算

$$MS_0 = \frac{MS_1}{MS} \times 100 \qquad (T0709\text{-}1)$$

式中:MS_0——试件的浸水残留稳定度,%;

MS_1——试件浸水 48h 后的稳定度,kN;

MS——试件的稳定度,kN。

3.4.6 试验记录

(1)当一组测定值中某个测定值与平均值之差大于标准差的 k 倍时,该测定值应予舍弃,并以其余测定值的平均值作为试验结果。当试件数目 n 为 3、4、5、6 个时,k 值分别为 1.15、1.46、1.67、1.82。试验记录示例见表 T0709-1 所示。

(2)报告中需列出马歇尔稳定度、流值、试件尺寸、密度、空隙率、沥青用量、矿料间隙率、沥青饱和度等体积指标。

3.4.7 试验规程及评定依据

(1)《公路沥青及沥青混合料试验规程》(JTG E20—2011)。

(2)《公路沥青路面施工技术规范》(JTG F40—2004)。

3.4.8 注意事项

(1)接触温度较高的保温试件时,必须佩戴胶皮手套。

(2)试件从水浴取出到试验完毕时间不超过 30s。

(3)稳定度压头滑动杆保持清洁润滑。

(4)马歇尔稳定度仪的上下压头试验前应在水浴或烘箱中保温至试验温度。

沥青混合料马歇尔稳定度试验记录表

表 T0709-1

编号：ZY01－055－2012－01　　序号：＿＿＿＿　　任务单号：＿＿＿＿　　样品编号：＿＿＿＿

环境条件：温度　室温23℃　　湿度93%＿＿＿＿　　样品名称：＿＿＿＿　　规格型号：＿＿＿＿

样品状态：完好，可检

仪器设备名称、型号及编号：马歇尔稳定度仪 003421　　试验方法：T 0709—2011

混合料种类：Sup20　　沥青种类标号：70 号道路石油沥青

水浴温度：60℃　　击实温度：145～150℃　　垂击次数，两面各 75 次

试件编号	沥青用量(%)	试验高度(mm)					干重(g)	水中重(g)	表干重(g)	试件毛体积相对密度	最大理论相对密度	空隙率(%)	矿料间隙率(%)	饱和度(%)	稳定度(kN)	流值(0.1mm)
		1	2	3	4	平均										
1	4.3	64.0	63.1	63.6	63.0	63.4	1203.1	703.0	1205.3	2.395	2.500	4.2	15.0	71.9	14.28	33.6
2		63.2	63.5	63.4	63.8	63.5	1201.0	702.7	1203.1	2.400		4.0	14.8	72.9	13.61	34.9
3		63.6	63.9	63.5	63.8	63.7	1203.1	702.7	1205.0	2.395		4.2	15.0	71.9	12.26	34.2
4		63.5	63.7	63.1	63.5	63.4	1206.5	705.2	1209.0	2.395		4.2	15.0	71.9	13.39	31.9
5		63.1	63.2	63.4	63.1	63.2	1202.5	702.9	1204.5	2.398		4.1	14.9	72.4	12.68	31.5
6		63.6	63.1	63.5	63.8	63.5	1201.0	701.7	1202.6	2.398		4.1	14.9	72.4	14.64	33.1
		平均值								2.397		4.1	14.9	72.2	13.48	33.2
		标准差×k值													1.66	2.4

试验：＿＿＿＿　　复核：＿＿＿＿　　日期：＿＿＿＿

3.5 沥青混合料中沥青含量试验(离心分离法)(参照T 0722—1993执行)

3.5.1 目的与适用范围

本方法适用于沥青路面施工的沥青用量检测使用,以评定施工质量,也适用于旧路调查中检测沥青路面的沥青用量。

3.5.2 主要检测设备

(1)全自动离心抽提仪:由水冷凝器、抽提筒、铜网筛筒、外套筒、热源等组成,离心转速不小于3 000r/min,如图T0722-1所示。

(2)电子天平:感量不大于1g,1mg的天平各一个。

(3)溶剂:三氯乙烯(工业纯)。

(4)其他:烧杯、硅油、防毒面罩、橡胶手套、滤纸、料铲、毛刷、玻璃棒、瓷盘等。

图T0722-1 离心回流式抽提仪

3.5.3 试验准备

(1)接通回流式抽提仪电源,打开冷却水阀和加热开关。

(2)检查溶剂储存桶中是否存有足够的三氯乙烯溶

剂,回流冷凝水的出水速度是否合适。检查抽提筛筛孔顺序,确保筛网清洁无残留颗粒。

(3)天平调平:检查天平水准气泡是否居中,如果不居中,调节天平下方的脚螺旋,使水准气泡居中为止。

(4)将沥青混合料样品放置在温度低于100℃的烘箱内低温烘散,烘散时间不要超过1h。

(5)将烘散后的试样按四分法称取规定质量(m)两份,质量要求见表T0722-1。

(6)试验人员戴上橡胶手套和防毒面罩,将两份试样分别放入带有封盖的烧杯中,注入三氯乙烯浸泡(浸泡时间:普通沥青混合料15min;改性沥青混合料30min),并在浸泡的过程中用玻璃棒适当搅动混合料,使沥青充分溶解。

公称最大粒径对应的混合料最少试样质量　表T0722-1

沥青混合料中集料公称最大粒径(mm)	最少试样数量(g)
26.5~37.5	1 400
26.5	1 400
19.0	1 200
13.2、16.0	1 000
9.5	1 000

3.5.4 试验步骤

(1)将干燥的滤纸装入抽提筒内,滤纸的光滑面朝外,卷向与抽提仪旋转的方向一致,称取筒和滤纸的质量(Q_1)。

(2)掀开外套筒上盖,将抽提筒周围涂抹少许硅油,置于抽提仪中,盖好上盖,如图 T0722-2 所示。

a)干燥的滤纸装入滤纸桶内

b)安放抽提筒并盖好桶盖

图 T0722-2 离心回流式抽提仪抽提筒

(3)设定抽提仪工作时间(一般设置为 15min),必要时可重新设定溶剂的喷洒时间及喷洒间隔时间。

(4)启动旋转按钮,待仪器运行进入高速旋转时,打开溶剂喷盖,将一份浸泡好的混合料全部倒入抽提筛中,用三氯乙烯仔细将烧杯内壁冲洗干净,并将冲洗液倒入抽提筛中,盖上溶剂喷盖并旋紧螺母。

(5)按下启动按钮,并开启振动及溶剂喷洒开关,开始试验。

(6)到达试验设定时间后,关闭振动及溶剂喷洒开关。

(7)拧开溶剂喷盖,将抽提套筛倾斜一定角度,待筛上残留溶剂流净,取出套筛,并将各级筛上试样用毛刷仔细清理至洁净的瓷盘中。

(8)将抽提桶取出,擦干表面硅油,与装有洗净矿料的瓷盘一并放入温度为 105℃ ±5℃ 的烘箱中烘干至恒重,一般不少于 4h。

(9)分别称取烘干后集料的质量(m_1)和滤纸、矿粉及筒的总重量(Q_2),精确至0.1g。

3.5.5　试验结果计算

(1)分别按式(T0722-1)、式(T0722-2)、式(T0722-3)及式(T0722-4)计算沥青混合料的矿料总质量、矿粉质量、沥青含量和油石比。

$$m_a = m_1 + m_2 \tag{T0722-1}$$

$$m_2 = Q_2 - Q_1 \tag{T0722-2}$$

$$P_a = \frac{m - m_a}{m_a} \times 100 \tag{T0722-3}$$

$$P_b = \frac{m - m_a}{m} \times 100 \tag{T0722-4}$$

式中:m——沥青混合料总质量,g;

m_a——沥青混合料中矿料的总质量,g;

m_1——筛网中留下的干燥集料质量,g;

m_2——矿粉质量,g;

Q_1——抽提前滤纸和筒的总质量,g;

Q_2——抽提后滤纸、筒和矿粉的总质量,g;

P_a——沥青混合料的油石比,%;

P_b——沥青混合料的沥青含量,%。

(2)沥青含量试验至少平行试验两次,取平均值作为试验结果。两次试验结果差值应小于0.3%。

3.5.6 试验记录

沥青混合料中的沥青含量试验记录示例见表T0722-2。

沥青含量试验结果　　表T0722-2

试验次数	沥青混合料总质量(g)	抽提前滤纸和筒的总质量(g)	抽提后滤纸、筒和矿粉的总质量(g)	矿粉质量(g)	筛网中留下的干燥集料质量(g)	沥青混合料中矿料的总质量(g)	纤维质量(g)	沥青质量(g)	沥青混合料的油石比(%)	沥青混合料的沥青用量(%)	纤维掺量(%)
1	1 290	590.4	660.8	70.4	1 168.1	1 238.5	0	51.5	4.2	4.0	0
2	1 238	532.4	602.5	70.1	1 115.8	1 185.9	0	52.1	4.4	4.2	0
平均值	/								4.3	4.1	0

3.5.7 试验规程及评定依据

(1)《公路工程沥青及沥青混合料试验规程》(JTG E20—2011)。

(2)《公路沥青路面施工技术规范》(JTG F40—2004)。

3.5.8 注意事项

(1)试样数量的选取应严格遵守表T0722-1要求。

(2)试样浸泡前可适当加热,但温度不宜超过100℃。

(3)浸泡试样的容器必须加盖且注有明显标识。

(4)滤纸必须洁净干燥并且安放标准。

(5)仪器使用前应检查溶剂液面是否在规定范围。

(6)试验过程中注意室内空气流通,操作过程中必须佩戴防毒面罩及橡胶手套。

3.6 沥青混合料的矿料级配检验方法(参照T0725—2000执行)

3.6.1 目的与适用范围

本方法适用于测定沥青路面施工过程中沥青混合料的矿料级配,供评定沥青路面的施工质量时使用。

3.6.2 主要检测设备

(1)标准筛:筛孔尺寸为0.075～53.0mm,根据沥青混合料级配选用相应的筛号,必须有筛盖和筛底。

(2)电子天平:感量不大于0.1g。

(3)摇筛机。

(4)其他:瓷盘、毛刷。

3.6.3 试验准备

(1)将按规程T7023—1993试验方法抽提沥青后的干净的矿料,放置瓷盘中冷却至室温。

(2)按沥青混合料矿料级配设计要求,选用全部或部分需要筛孔的标准筛,作施工质量检验时,至少应包括

0.075mm、2.36mm、4.75mm及集料公称最大粒径等5个筛孔，按大小顺序排列成套筛。

3.6.4 试验步骤

(1)将抽提后的全部矿料试样称取质量，准确至0.1g。

(2)将称取质量的矿料一起倒入已按照筛孔大小排序的标准筛内，并将标准筛置于电动摇筛机上，盖上筛盖并压紧固定在摇筛机上，开动摇筛机筛分10min；取下套筛后，按筛孔大小顺序，在清洁的瓷盘上再逐个进行手筛。手筛时可用手轻轻拍击筛框并经常地转动筛子，直至每分钟筛出量不超过筛上试样质量的0.1%时为止。但不允许用手将颗粒塞过筛孔，筛下的颗粒并入下一号筛，并和下一号筛中试样一起过筛，在筛分过程中，针对0.075mm筛的料，根据需要采用水筛法。

(3)称量各筛上筛余颗粒的质量，精确至0.1g。(注意：所有各筛的分计筛余量和底盘中剩余质量的总和与筛分前试样总质量相比，相差不得超过总质量的1%)。

3.6.5 试验结果计算

(1)矿料级配检验计算方法如下：

试样的分计筛余量按式(T0725-1)计算。

$$P_i = \frac{m_i}{m} \times 100 \qquad (T0725\text{-}1)$$

式中：m——沥青混合料中矿料的质量，g；

P_i——第 i 级试样的分计筛余量，%；

m_i——第 i 级筛上颗粒的质量，g。

(2)累计筛余百分率：该号筛上的分计筛余百分率与大于该号筛的各号筛上的分计筛余百分率之和，精确至0.1%。

(3)通过筛分百分率：用100减去该号筛上的累计筛余百分率，精确至0.1%。

(4)以筛孔尺寸为横坐标，各个筛孔的通过筛分百分率为纵坐标，绘制矿料组成级配曲线如图T0725-1所示，评定该试样的颗粒组成。

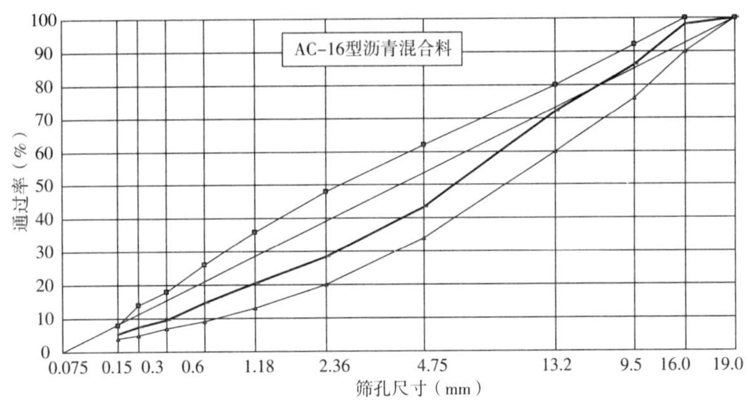

图 T0725-1　沥青混合料矿料组成级配曲线

(5)矿料级配检验至少取两个试样平行筛分试验两次，取平均值作为每号筛上的筛余量的试验结果。

3.6.6 试验记录

沥青混合料的矿料级配检验记录示例见表 T0725-1。

沥青混合料的矿料级配检验记录表 表 T0725-1

孔径(mm)		31.5	26.5	19	16	13.2	9.5	4.75
分计筛余质量(g)	1	0	56.7	73.4	89.5	43.2	151.4	153.8
	2	0	78.1	78.1	89.4	44.8	137.8	143.7
孔径(mm)		2.36	1.18	0.6	0.3	0.15	0.075	底
分计筛余质量(g)	1	332.1	231.1	77.1	32.4	32.1	28.1	129.9
	2	367.2	232.1	69.2	41.2	28.9	25.1	135.8

注:第一次总质量 1430.8g,第二次总质量 1471.4g。

3.6.7 试验规程及评定依据

(1)《公路工程沥青及沥青混合料试验规程》(JTG E20—2011)。

(2)《公路沥青路面施工技术规范》(JTG F 40—2004)。

3.6.8 注意事项

(1)试验过程中注意矿料的损失必须严格控制在试样总质量的 1% 以内。

(2)手筛过程中禁止用手将颗粒塞过筛孔。

3.7　沥青混合料生产配合比设计

3.7.1　目的与主要任务

(1)生产配合比设计目的是指导拌和楼生产出与目标配合比设计中各原材料组成基本相同的沥青混合料。

(2)主要任务:从拌和楼各热料仓取样筛分、确定各热料仓矿料比例、最佳油石比,必要时进行混合料性能验证。

3.7.2　主要检测设备

(1)沥青混凝土集料筛:根据需要选择规定的标准筛,如本节图3.7-1所示。

图　3.7-1

(2)标准击实仪:落锤高度457.2mm±1.5mm,击实锤重4 536g±9g。

(3)混合料拌和机:容量不小于10L。

(4)烘箱:大型,控温调节,精度1℃。

(5)电子天平:感量不大于0.1g。

(6)理论密度仪:容积大于2 000mL,负压达到3.7kPa±

0.3kPa。

(7)马歇尔稳定度仪:加载速率50mm/min±5mm/min,荷载不小于50kN。

(8)恒温水槽:控温精度1℃,深度不小于150mm。

(9)浸水天平:感量不大于0.1g。

3.7.3　设计步骤

(1)流量标定

①拌和楼冷料仓出料量的改变一般通过调整皮带转速来实现,因此冷料仓出料速度的标定一般标定出料量与皮带转速的关系。标定方法为:按照拌和楼日常使用的最小转速、最大转速及两者均值作为标定点,分别测出3次的出料量,得到流量、转速的对应关系表3.7-1,并根据关系表做出两者关系图3.7-2。

流量、转速对应关系表　　表3.7-1

9.5~19仓			4.75~9.5仓			0~4.75仓			砂　仓		
转速/%	流量/kg	均值/kg	转速/%	流量/kg	均值/kg	转速/%	流量/kg	均值/kg	转速/%	流量/kg	均值/kg
	15.9			20.0			10.2			6.8	
25	15.3	15.9	35	19.2	19.9	20	10.5	10.4	20	6.6	6.8
	16.5			20.5			10.4			7.1	
	26.2			23.9			21.2			10.0	
41	26.9	26.3	44	23.3	23.9	38	21.6	21.2	30	9.8	9.9
	25.8			24.5			20.8			10.1	
	33.8			29.5			28.0			13.7	
55	34.5	33.8	55	28.5	29.4	50	28.6	28.0	40	13.4	13.7
	33.2			30.3			27.4			13.9	

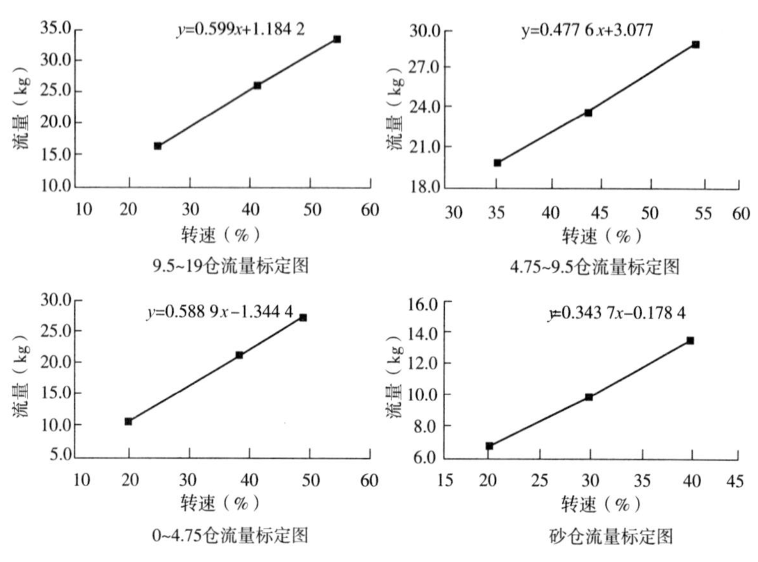

图 3.7-2　流量与转速关系曲线

②将目标配合比设计得到的各档集料比例代入流量转速关系式,即可求得各冷料仓转速,见表 3.7-2。

冷料仓转速计算表　　表 3.7-2

冷　料　仓	流量转速关系式	目标配合比比例(%)	转速(%)
9.5~19 仓	$y=0.5990x+1.1842$	33.0	53
4.75~9.5 仓	$y=0.4776x+3.0770$	29.0	54
0~4.75 仓	$y=0.5889x-1.3444$	23.0	41
砂仓	$y=0.3437x-0.1784$	9.0	27

(2)热料仓集料的获取

①按照(1)确定的冷料仓转速将混合集料输送至拌和楼滚筒加热,并提升到拌和楼重新进行二次筛分,然后将二次筛分的矿料从拌和楼放出。

②把各档热料仓集料分堆摆放并冷却，人工将集料拌和均匀后取得代表性样品以备后续试验使用。

(3)热料仓集料筛分及生产级配设计

①生产配合比设计的各热料仓集料必须按现行《公路工程集料试验规程》(JTG E42—2005)规定的方法，取代表性样品进行集料筛分、密度试验，具体参见相关参数视频教程。

②以 AC－13 为例，见表 3.7-3。

a. 依据规范范围，借助电子计算机的电子表格绘制合成级配图，如图 3.7-3 所示：

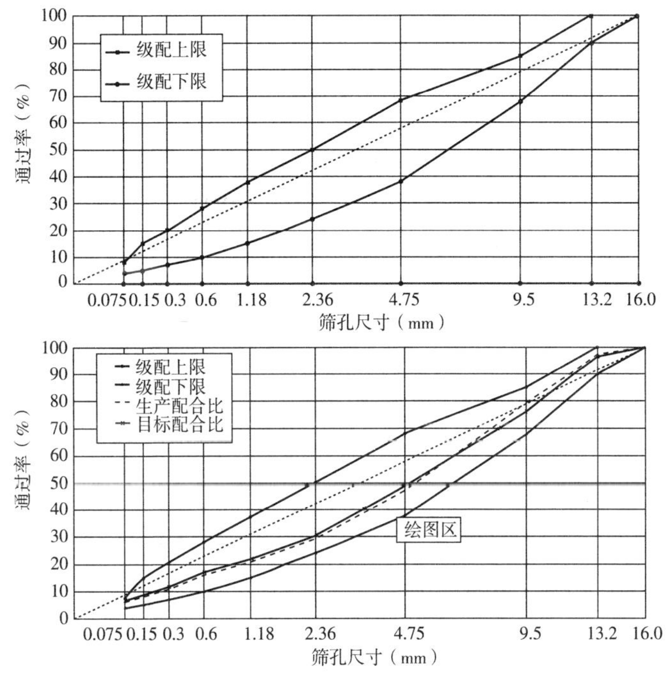

图　3.7-3

AC－13 型沥青混合料级配组成计算表

表 3.7-3

材料名称用量					16.0	13.2	9.5	4.75	2.36	1.18	0.6	0.3	0.15	0.075
各种矿物筛分（%）	4#仓				100.0	88.1	25.1	1.2	0.6	0.6	0.6	0.6	0.6	0.5
	3#仓				100.0	100.0	96.8	30.2	9.9	5.8	5.0	4.3	4.0	3.5
	2#仓				100.0	100.0	96.8	30.2	9.9	5.8	5.0	4.3	4.0	3.5
	1#仓				100.0	100.0	100.0	95.9	66.6	45.8	31.6	18.1	12.2	7.8
	矿粉				100.0	100.0	100.0	100.0	100.0	100.0	100.0	99.4	94.2	79.6
各种材料用量（%）	4#仓	26.0			0.0	0.0	0.0	0.0	0.0	0.0	0.0	0.0	0.0	0.0
	3#仓	25.0			0.0	0.0	0.0	0.0	0.0	0.0	0.0	0.0	0.0	0.0
	2#仓	12.0			0.0	0.0	0.0	0.0	0.0	0.0	0.0	0.0	0.0	0.0
	1#仓	34.0			0.0	0.0	0.0	0.0	0.0	0.0	0.0	0.0	0.0	0.0
	矿粉	3.0			0.0	0.0	0.0	0.0	0.0	0.0	0.0	0.0	0.0	0.0
					0.0	0.0	0.0	0.0	0.0	0.0	0.0	0.0	0.0	0.0
		100.0												
生产配合比					100.0	96.9	79.3	47.1	29.5	21.0	15.8	11.0	8.6	6.5
目标配合比					100.0	90.0	68.0	38.0	24.0	15.0	10.0	7.0	5.0	4.0
级配上限					100.0	100.0	85.0	68.0	50.0	38.0	28.0	20.0	15.0	8.0
级配下限					100.0	90.0	68.0	38.0	24.0	15.0	10.0	7.0	5.0	4.0
中值					100.0	95.0	76.5	53.0	37.0	26.5	19.0	13.5	10.0	6.0

b. 根据①热料仓集料的筛分结果对生产配合比矿料比例进行调试,采用计算机对各热料仓的集料按比例计算合成,使得合成级配尽可能接近目标配合比设计确定的矿料级配。合成级配不得有太多的锯齿形交错,且在0.3～0.6mm范围内不出现“驼峰”。如果热料仓集料与目标配合比设计原材料规格发生较大变化而导致级配曲线难以接近时,设计级配与目标级配的允许差值尽量控制在:0.075mm ±2%、≤2.36mm ±4%、≥4.75mm ±5%。

(4)最佳油石比确定

①采用目标配合比所确定的油石比OAC、OAC ±0.3%、OAC ±0.6%分别成型马歇尔试件。试件成型方法参照相关参数视频教程。

②对每组试件进行相对密度、最大理论密度、体积指标计算,结果汇总表3.7-4。

AC－13设计级配马歇尔稳定度试验结果表 表3.7-4

级配类型	油石比(%)	试件毛体积相对密度	计算理论最大相对密度	空隙率VV(%)	矿料间隙率VMA(%)	饱和度VFA(%)	稳定度(kN)	流值(0.1mm)
AC－13	4.4	2.532	2.678	5.5	14.9	63.4	10.56	22.7
	4.7	2.542	2.666	4.7	14.8	68.6	12.17	25.9
	5.0	2.550	2.654	3.9	14.8	73.5	14.28	27.8
	5.3	2.558	2.643	3.2	14.8	78.2	13.14	29.6
	5.6	2.562	2.631	2.6	14.9	82.4	11.27	31.3
要求		—	—	3.0～5.5	≥14.0	65～75	≥8.00	20～50

③依据试验结果汇总表,绘制图表。绘制方法:以油石比或沥青用量为横坐标,以马歇尔试验的各项指标为纵坐标,如图 3.7-4 所示。

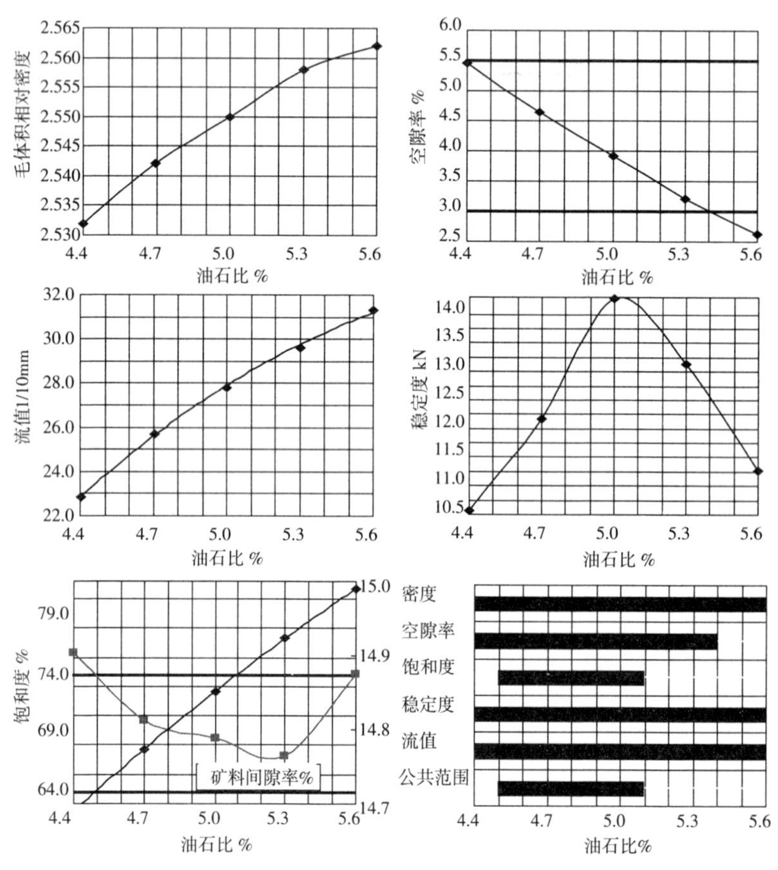

图　3.7-4

④确定最佳沥青用量 OAC 方法:

在曲线图上求取相应于密度最大值、稳定度最大值、目标空隙率(或中值)、沥青饱和度范围的中值的沥青用量a_1、a_2、a_3、a_4。

按式(3.6-1)取平均值作为OAC_1。

$$OAC_1 = (a_1 + a_2 + a_3 + a_4)/4 \qquad (3.7\text{-}1)$$

如果在所选择的沥青用量范围未能涵盖沥青饱和度的要求范围,按式(3.6-2)求取3者的平均值作为OAC_1。

$$OAC_1 = (a_1 + a_2 + a_3)/3 \qquad (3.7\text{-}2)$$

对所选择试验的沥青用量范围,密度或稳定度没有出现峰值(最大值经常在曲线的两端)时,可直接以目标空隙率所对应的沥青用量a_3作为OAC_1,但OAC_1必须介于$OAC_{min} \sim OAC_{max}$。否则应重新进行配合比设计。

以各项指标均符合技术标准(不含VMA)的沥青用量范围$OAC_{min} \sim OAC_{max}$的中值作为OAC_2。

$$OAC_2 = (OAC_{min} + OAC_{max})/2 \qquad (3.7\text{-}3)$$

通常情况下取OAC_1及OAC_2的中值作为计算的最佳沥青用量OAC。

$$OAC = (OAC_1 + OAC_2)/2 \qquad (3.7\text{-}4)$$

当设计的最佳油石比与目标配合比确定的油石比差值超过±0.3%时,应综合分析存在的原因,必要时进行重新设计。

(5)沥青混合料性能验证

①根据要求,在必要时需要对生产配合比设计的级配和最佳油石比进行混合料的性能验证试验。具体试验参数试验过程,参照视频教程《浸水马歇尔试验方法》、《冻融劈裂

试验方法》、《车辙试验方法》、《低温小梁试验方法》(选做)。

②技术指标判定依据选择,参照全国沥青路面气候温度分区图和雨量分区图,确定工程所处分区区域,查找试验技术指标标准对应区域的指标值进行判定(参照《公路沥青路面施工技术规范》(JTG F 40—2004)中的表5.3.3-1、表5.3.4-1、表5.3.4-2、附录A中的沥青路面使用性能气候分区查找判定)。

3.7.4　试验规程及评定依据

(1)《公路沥青及沥青混合料试验规程》(JTG E20—2011)。

(2)《公路沥青路面施工技术规范》(JTG F40—2004)。

(3)《公路工程集料试验规程》(JTG E42—2005)。

3.7.5　注意事项

(1)在进行生产配合比合成矿料级配调试的过程中,应尽量与目标配合比相一致。如果热料仓集料与目标配合比设计原材料规格发生较大变化而难以接近时,设计级配与目标级配的允许差值尽量控制在:0.075mm ±2%、≤2.36mm ±4%、≥4.75mm ±5%。

(2)当设计的最佳油石比与目标配合比确定的油石比差值超过±0.3%时,应综合分析存在的原因,必要时进行重新设计。